思想者指南系列丛书（中文版）

THINKER'S GUIDE LIBRA

U0748323

如何促进主动学习
与合作学习

PRACTICAL WAYS FOR PROMOTING
ACTIVE AND COOPERATIVE LEARNING

（美）Wesley Hiler　（美）Richard Paul / 著

任　佼 / 译　王晓红 / 审校

外语教学与研究出版社
FOREIGN LANGUAGE TEACHING AND RESEARCH PRESS
北京 BEIJING

京权图字：01-2019-3651

Original copyright © Foundation for Critical Thinking, 2006
Chinese translation copyright © Foreign Language Teaching and Research Publishing
Co., Ltd, 2019

图书在版编目（CIP）数据

如何促进主动学习与合作学习／（美）卫斯理·希勒（Wesley Hiler），
（美）理查德·保罗（Richard Paul）著；任佼译. ─ 北京：外语教学与
研究出版社，2019.12（2024.11 重印）
（思想者指南系列丛书：中文版）
ISBN 978-7-5213-1429-8

Ⅰ. ①如… Ⅱ. ①卫… ②理… ③任… Ⅲ. ①学习方法－研究
Ⅳ. ①G791

中国版本图书馆 CIP 数据核字（2020）第 000650 号

出 版 人　王　芳
项目负责　刘小萌
责任编辑　卫　昱
责任校对　曹　妮
封面设计　孙莉明　彩奇风
版式设计　涂　俐
出版发行　外语教学与研究出版社
社　　址　北京市西三环北路 19 号（100089）
网　　址　https://www.fltrp.com
印　　刷　河北虎彩印刷有限公司
开　　本　850×1168　1/32
印　　张　0.75
版　　次　2020 年 2 月第 1 版 2024 年 11 月第 6 次印刷
书　　号　ISBN 978-7-5213-1429-8
定　　价　9.90 元

如有图书采购需求，图书内容或印刷装订等问题，侵权、盗版书籍等线索，请拨打以下电话或
关注官方服务号：
客服电话：400 898 7008
官方服务号：微信搜索并关注公众号"外研社官方服务号"
外研社购书网址：https://fltrp.tmall.com

物料号：314290001

记载人类文明
沟通世界文化
外研社　www.fltrp.com

序言

思辨能力，或称批判性思维，由两个维度组成：在情感态度维度包括勤学好问、相信理性、尊重事实、谨慎判断、公正评价、敏于探究、持之以恒地追求真理等一系列思维品质或心理倾向；在认知维度包括对证据、概念、方法、标准、背景等要素进行阐述、分析、评价、推理与解释等一系列技能。

思辨能力的重要性是不言而喻的。两千多年前的中国古代典籍《礼记·中庸》曰："博学之，审问之，慎思之，明辨之，笃行之。"古希腊哲人苏格拉底说："未经审视的人生不值得一过。"可以说，文明的诞生正是人类自觉运用思辨能力，不断适应并改造自然环境的结果。游牧时代、农业时代以及现代早期，人类思辨能力虽然并不完善，也远未普及，但通过科学技术以及人文知识的不断积累创新，已经显示出不可抑制的巨大能量，推动了人类文明阔步前进。那么，进入信息时代、知识经济时代和全球化时代，思辨能力对于人类文明整体可持续发展以及对于每一个个体的生存和发展，其重要性更将史无前例地彰显。

我们已进入一个加速变化、普遍联系和日益复杂的时代。随着交通技术和信息技术日新月异的发展，不同国家和文化空前紧密地联系在一起。这在促进合作的同时，也导致了更多的冲突；人类所掌握的技术力量与日俱增，在不断提高物质生活质量的同时，也极大地破坏了我们赖以生存的自然环境；工业化、城市化和信息化程度的不断提高，全方位扩大了人的自由空间，同时却削弱了维系社会秩序和稳定的价值体系与行为准则。这一切变化对人类的思辨能力和应变能力都提出了前所未有的要求。正如本套丛书作者之一理查德·保罗（Richard Paul）在其所创办的批判性思维中心（Center for Critical Thinking）的"使命"中所指出的，"我们身处其中的这个世界要求我们不断重新学习，习惯性重新思考我们的决定，周期性重新评价我们的工作和生活方式。简言之，我们面临一个全新的世界，在这个新世界，大脑掌控自己并经常进行自我分析的能力将日益决定我们工作的质量、生活的质量乃至我们的生存本身。"

遗憾的是，面临时代巨变对人类思辨能力提出的新挑战，我们的教育和社会都尚未作好充分准备。从小学到大学，在很大程度上我们的教育依然围绕知识的搬运而展开，学校周而复始的考试不断强化学生对标准答案的追求而不是对问题复杂性和探索过程的关注，全社会也尚未形成鼓励独立思辨与开拓创新的氛围。

我们知道，人类大脑并不具备天然遗传的思辨能力。事实上，在自然状态下，人们往往倾向于以自我为中心或随波逐流，容易被偏见左右，固守成见，急于判断，为利益或情感所左右。因此，思辨能力需要通过后天的学习和训练得以提高，思辨能力培养也因此应该成为教育的不懈使命。

哈佛大学以培养学生"乐于发现和思辨"为根本追求；剑桥大学也把"鼓励怀疑精神"奉为宗旨。美国学者彼得·法乔恩（Peter Facione）一言以蔽之："教育，不折不扣，就是学会思考。"

和任何其他技能的学习一样，学会思考也是有规律可循的。

首先，学习者应该了解思辨的基本特点和理论框架。根据理查德·保罗和琳达·埃尔德（Linda Elder）的研究，所有的推理都有一个目的，都试图澄清或解决问题，都基于假设，都从某一视角展开，都基于数据、信息和证据，都通过概念和观念进行表达，都通过推理或阐释得出结论并对数据赋予意义，都会产生影响或后果。分析一个推理或论述的质量或有效性，意味着按照思辨的标准进行检验，这个标准包括清晰性、准确性、精确性、相关性、深刻性、宽广性、逻辑性、公正性、重要性、完整性等维度。一个拥有思辨能力的人具备八大品质，包括诚实、谦虚、相信理性、坚忍不拔、公正、勇气、同理心、独立思考。

其次，学习者应该掌握具体的思辨方法。如：如何阐释和理解文本信息与观点？如何解析文本结构？如何评价论述的有效性？如何把已有理论和方法运用于新的场景？如何收集和鉴别信息和证据？如何论证说理？如何识别逻辑谬误？如何提问？如何对自己的思维进行反思和矫正？等等，等等。

最后，思辨能力的提高必须经过系统的训练。思辨能力的发展是一个从低级思维向高级思维发展的过程，必须运用思辨的标准一以贯之地训练思辨的各要素，在各门课程的学习中练习思辨，在实际工作中使用思辨，在日常生活中体验思辨，最终使良好的思维习惯成为第二本能。

"思想者指南系列丛书"旨在为教师教授思辨方法、学生学习思辨技能和社会大众提高思辨能力提供最为简明和最为实用的操作指南。该套丛书直接从西方最具影响力的思辨能力研究和培训机构——批判性思维基金会（Foundation for Critical Thinking）原版引进，共21册，包括"基础篇"：《批判性思维术语手册》《批判性思维概念与方法手册》《大脑的奥秘》《批判性思维与创造性思维》《什么是批判性思维》《什么是分析性思维》；"大众篇"：《识别逻辑谬误》《思维的标准》《如何提问》《像苏格拉底一样提问》《什么是伦理推理》《什么是工科推理》《什么是科学思维》；"教学篇"：《透视教育时尚》《思辨能力评价标准》《思辨阅读与写作测评》《如何促进主动学习与合作学习》《如何提升学生的学习能力》《如何通过思辨学好一门学科》《如何进行思辨性阅读》《如何进行思辨性写作》。

由理查德·保罗和琳达·埃尔德两位思辨能力研究领域的全球顶级大师领衔研发的"思想者指南系列丛书"享誉北美乃至全球，销售数百万册，被美国中小学、高等学校乃至公司和政府部门普遍用于教学、培训和人才选拔。该套丛书具有如下特点：其一，语言简洁明快，具有一般英文水平的读者都能阅读。其二，内容生动易懂，运用大量的具体例子解释思辨的理论和方法。其三，针对性和操作性极强，教师可以从"教学篇"子系列中获取指导教学改革的思辨教学策略与方法，学生也可从"教学篇"子系列中找到提高不同学科学习能力的思辨技巧；一般社会人士可以通过"大众篇"子系列掌握思辨的通用技巧，提高在社会场景中分析问题和解决问题的能力；各类读者都可以通过"基础篇"子系列掌握思维的基本规律和思辨的基本理论。

可见，"思想者指南系列丛书"对于各类读者提高思辨能力均大有裨益。为了让该套丛书惠及更多读者，外研社适时推出其中文版，可喜可贺。

总之，思辨能力的高下将决定一个人学业的优劣、事业的成败乃至一个民族的兴衰。在此意义上，我向全国中小学教师、高等学校教师和学生以及社会大众郑重推荐"思想者指南系列丛书"。相信该套丛书的普及阅读和学习运用，必将有利于促进教育改革，提高人才培养质量，提升大众思辨能力，为创新型国家建设和社会文明进步作出深远的贡献。

孙有中

2019 年 6 月于北京外国语大学

目录

引　言

将批判性思维完全引入课堂，需要长久且科学的研究。但是，如果想让你的教学开始发生重要变化，却并非难事。本书将提供一些策略，它们简单易行且十分有效；它们易于掌握、易于实施；它们能让你的学生积极主动地思考他们所学的内容，因而效果显著、影响深远。这些策略将学习的责任从教师转向学生，让学生承担起学习的重任。

这些策略当中，有的能让你用上学生已经掌握的或者有能力自学的知识，有的则需让学生合作学习。在很多情况下，学生会"卡壳"，不明白应该做什么。而如果多个学生一起学习，他们就可以互相纠正错误，因而取得更大进步。如果一个学生"卡壳"了，另一个学生可能正好有解决办法，从而帮助"卡壳"的学生解除困境，继续学习进程。这可以让学生对自己的学习更负责。久而久之，他们就可以观察到同伴成功的学习方法，并把这些方法运用到自己的学习中来。与此同时，他们还能对同伴提出的批判性问题有所领悟，并把类似的问题拿来向自己提问。

这些策略还有一个优势：广泛适用性。大多数策略可以卓有成效地应用于所有科目、所有话题；可以成为标准做法，在教学实践中反复使用。对于其中一些策略，我们提供了示例，这些示例适用于可以采用这些策略的各类教学情境。

这些策略有一个核心：对"学习需要什么"（即什么才能促进学习者学习）有准确的认识。在某种意义上，很多教学对"学习需要什么"的认识是不准确的，有的老师可能会说："只要我说清楚了，学生就明白了。如果他们给出了正确答案，就说明他们知道并且理解了知识点。如果我给他们做了示范并让他们做，他们重复了我的做法，就说明他们学会了这个技能，并且在实际使用的时候，他们就能做出来。如果我告诉他们为什么某事是对的或者是重要的，他们点头并且重复了我说的话，就说明他们理解了我所说的知识或者我所说的内容的重要性。"

　　但是，事实并非如此。往往，学生做得不好，或者不能将他们的所学应用于实践，抑或到了秋天就已经忘记了春天所学的内容，这些失败都归因于上述关于"学习需要什么"的错误观念。首先，学习需要思维——批判性思维。要想真正学习，学习者必须反复问自己："这究竟是什么意思？如何得知？如果这是对的，还有其他什么是对的？"本书所提供的这些策略的核心，就是这样一种信念：最终，学习者必须能够回答这些问题，这样才能学到、知道、真正理解。只有在学习者的大脑真正准备好后，你提供的答案才会被完全理解并消化。

　　以下策略，或者可称之为"教学战略"，为学生提供了开启这段进程的方法。这段进程可以使他们对将要学习的内容进行全面思考，学习如何将所学知识应用于实践，用自己的能力来"解决问题"。

1）讲课时，向学生提问以激发其好奇心

　　也许是出于好奇心，也许是由于对日常生活有益处，但无论是什么原因，只要学生想了解一个事实，他们就会有去学习的动力。如果你在课堂上提出的问题具有探究性，那么，学生对这些问题的理解就能更加深入。

2）使用学习型题目

　　学习型题目可用于各种作业、课堂和视听陈述或报告。考试题目若完全基于学习型题目，学生就会很乐于采用这些题目测试自己、测试同伴。学习型题目应当要求学生积极思考，而不是机械记忆。其中的部分问题应能够检测学生理解、解释、阐述、应用所学概念和原理的能力。比如，在人体解剖课上，老师不要急于播放幻灯片或向学生直接展示人体心脏，而应先把学习型题目分发下去。这些题目考查的应是具体概念和通则，例如：a) 瓣膜是什么？心脏有哪些瓣膜？它们的作用分别是什么？b) 静脉和动脉的区别是什么？c) 胆固醇是什么？为什么胆固醇高会对健康有害？d) 画一幅心脏图，标出每个构成部分，并解释各个构成部分在心脏的总体运行中所起的作用。e) 列出循环系统的五个作用，并解释这五个作用是如何实现的。f) 解释血液的温度如何保持恒定。g) 通过

举例，定义及阐释"内稳态"理论，并说明哪些机体机制受到"内稳态"的调节？

3）每节课开始时，先做一个五分钟的小测验

小测验可以是取自学习型题目的选择题或判断正误题。这样的小测验可以激励学生复习课堂笔记、完成家庭作业。小测验由学生自主完成：他们就学习型题目互相测验，为考试作准备。可组织非正式小组活动，由理解学习内容的学生在课后或测验前，向其他组员讲解内容。

4）使用图表

公共演讲者发现，将图表或简要陈述写在板上，并向听众展示，能够让听众集中精力。这种方法能够促进听众对内容的吸收和长期记忆。图表还可以将各部分串联为连贯的整体，清晰显示各部分之间的关系。

5）在讲解主题内容的同时，也讲授批判性思维的原则

将主题内容作为批判性思维的具体示例。比如，在讲美国独立战争时，可以让学生客观公正地对比殖民地人民和英国政府的观点。下列学习型题目可帮助学生对这个作业进行更深入、更具思辨性的思考：a）美国独立战争的目的是什么？b）殖民地人民如何理解"自由"？他们的理解与英国的理解有何不同？c）为什么英国不允许殖民地人民脱离大英帝国？d）双方分别作出了什么假设？e）殖民地人民援引了哪些例证，得以断定他们受到了不公正的待遇？这些例证是准确的吗？是否有偏见？他们是否遗漏了什么重要事实？f）《独立宣言》的直接结果和长期影响分别是什么？考试的试题应该基于以上这些学习型题目，以确保学生会思考这些问题，也只有这样，学生才可能在课后与同伴进行小测验。通过这节课，学生不仅学习了了美国历史，还能学到推理的要素，并初步学到如何客观公正地评价美国这个国家。

6）让学生互相熟知

上课的第一天，就让学生两人一组，就家乡籍贯、兴趣爱好、个人习惯、意见想法等相互问答。为了帮助记忆，还可以把对方的回答记录下来。然后，每人将同伴介绍给全班同学。通过这种方法，学生在开课

初期就能互相熟知，从而达到"破冰"的效果。他们在学习过程中再被分为小组时，沟通交流就会更容易。这也是"专注倾听"训练当中的一个有效活动。

7）把学生的名字写在索引卡上，向所有学生，而不只是自愿回答问题的学生提问

你有没有注意到，在课堂上提问时，积极主动回答问题的学生总是那几个人？如果你环视四周，叫不积极的学生回答问题，他们往往会觉得你在故意嘲笑他们的无知，因而产生强烈的厌恶感。所以，尝试把全体学生的名字写在索引卡上，把这些卡片打乱顺序，随机提问。这样，所有学生都会听你的问题，并积极回答。这个简单的技巧避免了总是只有四五个学生参与讨论这一常见问题，也可以让课堂所有人（也包括老师）听到更多的想法。同时，也能够让学生更集中注意力。

8）鼓励独立思考

给学生提出一个需要他们独立思考，且答案不唯一的问题，让他们把自己的答案写在纸上。再把学生分成小组，每组3—4人，小组成员在组内分享自己的答案。然后，各组将每位成员提出的最佳想法进行整合，并选出一人作为代表，向全班同学汇报小组整合后的答案。通过这种方法，所有学生都能积极地：1）找出解决问题的方案；2）与其他同学沟通交流自己的方案；3）获取其他同学的反馈；4）得出解决该问题的更佳方案；以及5）有机会在全班同学面前发言，锻炼他们的公众演讲能力。

9）鼓励仔细倾听

经常要求学生用自己的语言总结其他同学所说的话。这可以促使学生积极倾听其他同学的发言，认识到同学之间可以互相学习，减少对老师的过度依赖。听其他同学的建议和问题对学生来说很有指导意义。认识其他同学的错误或误解，以及倾听其他同学纠正错误，都能让理解更清晰。而对同伴提出的意见和建议置之不理，就会继续错下去。因此，应该鼓励学生经常在课堂上仔细倾听其他同学的发言，有一种方法是让

学生复述其他同学说的话，这会使他们集中注意力！

我们还提倡另一种促进仔细倾听的方法：让学生两人一组，给他们提出一个有争议的问题。然后，他们彼此分享并论证自己的观点。一人分享、论证的时候，另一人仔细倾听，然后复述——但是一定要用自己的语言。复述完之后，说话者指出复述者复述时存在的误解。

10）自己少讲，这样学生才能多思考

试着将自己的讲授时间控制在整堂课的 20% 以内。上课时，你每讲十分钟就停下来一次，让学生两人或三人一组进行讨论，复述你讲的关键点，然后应用、评价或探究这些内容。

如果在课堂上你是说得最多的那个人，那么你也就会是思考得最多的那个人。在讲解你所知道的知识时，你也许得换一种表达方式，想出新的例子，给不同的知识建立新的联系。如果你能让学生在课堂上多说，他们就会认真思考，也就会理解更深刻。正如一位老师所说的："明年我的学生将会代我上课，这课我已经上了 18 年了。"

听冗长的讲座时，大脑的注意力总是飘忽不定，因此会漏掉很多内容。将长时间的课堂分成几个部分可以让学生更加积极，并有机会吸收、思考刚学到的知识——小块儿消化起来要比大部头容易得多。另外，"小组复述老师所讲内容"这一形式能让学生分享交流自己对这些内容的理解。如果有人理解有误，就能被及时纠正。而纠正越晚，纠正起来就越难。

11）给学生做示范

在课堂上，把你的思维活动说出来（即有声思维法）：让学生听到你解决问题的整个过程。你的思维活动要尽量符合学生的水平。如果你的思维太高深或进展太快，他们就无法理解并吸收了。

与你经常向学生演示你布置的任务如何操作一样，如果你想让他们参与到思维过程中来，向他们示范你的思维过程是很有效的。给他们示范如何细读、如何提问或如何解决问题比单纯的语言讲授要清楚得多。因此，关键是，你示范时一定不要站在专家的高度，而应符合学生的思

维水平。你犯错误的过程和依靠推理改正错误的过程也都如此。这样不仅可以向学生表明"死胡同"和犯错在所难免，而且还可以教他们如何判断自己是否遇到了"死胡同"或犯了错误。

12）采用苏格拉底诘问法

经常采用苏格拉底诘问法，探究他们思维的各个方面：你用那个词是想表达什么？你想说明什么？你有什么证据来支持那个观点？该证据的来源可靠吗？你是如何得出那个结论的？你对此如何解释？你发现它的隐含意思了吗？你的提议会有什么意想不到的副作用？你认为你的对立者将会如何看待那个情况？他们可能会如何回应你的论证？

13）鼓励合作

经常给学生分组（二人组、三人组、四人组等等），给每个小组布置具体任务并规定时限。然后，请学生汇报：针对他们的任务，他们完成了什么，遇到了什么问题，如何处理这些问题。与独立完成任务相比，这样做能很好地让学生完成难度更大的任务，且完成质量也更高。学生在阅读或得到老师提供的讲解之前，以小组合作的方式完成精心选定的任务，能自主发现大部分的课程内容。那些经常向同伴解释或者论证自己的观点、倾听并评价同伴观点的学生，在提升思维质量方面能够取得明显进步。

14）尝试金字塔式教学法

让学生两人一组就一个题目或问题进行讨论，最终达成一致。然后，两个小组合并，形成四人小组进行讨论，并达成一致。然后，四人小组再合并成八人小组，以此类推。

这个方法非常好，能让所有学生参与，也能提升他们向同伴阐释观点的自信心。对于学生而言，他们跟另一个学生谈论自己的观点并不难；那么同样，一旦他们已经解释并阐明了自己的观点，他们在四人、八人甚至十六人小组内谈论自己的观点也就不难了。通过这种方式，不仅每个学生都能参与进来，而且每个学生的观点都会对小组的最终合力有所贡献。

这个方法还可以最大限度地增强学生观点的多样性，让更多的人对观点进行评估。每一次小组规模扩大，观点就会面临更细致的评估和讨论，学生也就认识到这个观点需要改进。因此，观点的质量在每一步都会得以提升。

15）让学生预先做笔记

让学生在上课或阅读之前，先用五分钟时间，就将要学或读的话题粗略地写下笔记，这将会成为他们课堂讨论或小组讨论的基础。这种做法有以下几种作用：首先，让每个学生都能积极展开对话题的思考，并能激活他们原有的知识和经验；其次，学生思考内容、写下自己的观点以后，他们对小组讨论和课堂讨论的贡献也更加有效；最后，因为他们已经努力理解了自己和同伴的观点，所以也就能更好地理解、记住这些新知识了。

16）给学生布置要求独立思考的写作作业

定期给学生布置写作任务。你不需要批改所有作业。可以随机抽查，也可以让学生挑选他们最好的作业进行修订，并提交给你评分。让学生互相评价写作作业可以大大减少你读初稿及写评语的时间。同伴修改可以让学生在不给老师带来过度负担的情况下，得到有用的反馈，也能培养学生对佳作标准的洞察力，并提升其发现错误或是否存在不足的能力。

写作，尤其是重写，为提升思维质量带来的好处不胜枚举。写作要求把思想付诸文字，再用文字汇集成完整的思想，再把思想组织成逻辑清晰、通顺流畅的段落。这能推动学生思考得更多、更远。同时，写作还可以激发思想。学生在写作的过程中会产生新的想法。当他们阅读所写内容时，经常会发现还需要修改。

重写和修改这两项活动对培养学科思维和表达非常关键。当我们被要求看自己的作品时，我们就在学着向自己提出关键问题，并评估作品中的思想和语言表达。

17）让学生互评作品

让学生个人之间或小组之间互评作品。互评可以有多种形式：评阅某个学生的作品并写评语，或者选出"小组最佳作品"并与其他同学分享，或者推举出一位你认为已经准备好提交作业或参加测试（或小测验）的学生。同伴评估记录也需要提交。

同伴互评对教师、评阅者、被评阅者都有益：教师可以减轻负担；学生知道他们的同学将会阅读自己的作品，就会更努力地完成作品，因为他们有更大的内在动机来把最佳水平展示给一个"真正的读者"，而且，他们更愿意把同伴的意见和建议放在心上、慎重对待，认为同伴对作品的批评不像老师一样随意武断。

不过，同伴互评最大的受益者还是评阅者。他们在采用佳作标准来评阅他人作品的过程中，会对佳作标准有更深刻的理解。他们在论证或解释意见和建议时，也必须努力把标准明确地说出来。

18）让学生使用学习日志

让学生使用双栏排版的笔记本：1）一栏记下他们从阅读和写作中获得的材料；2）另一栏记下他们针对所学内容产生的个人想法。后者可以包括问题、假设、对材料的重新组织、自己的图表以及对自己思维过程和进步的评价。这些学习日志可以在小组内分享，这样，学生就可以比较他们的看法。这些假设和问题可以作为将来作业和特别课题的基础。可以让学生定期上交笔记本，由老师来给他们反馈。

19）组织辩论

时不时地让学生就争议性事件进行辩论。比如，问全班同学："有多少人认为体育课在学校应设为必修课？"从举手支持正方（即表示体育课应该是必修课）的学生当中，选出两到三位，让他们组成小组一起阐述他们的推理。同样，也选出支持反方（即认为体育课不应该是必修课）的学生组成一个小组。两个小组花些时间讨论并形成各自的方案。下一次课上，两个小组在全班同学面前辩论。然后，让最初没有表态的学生回答哪一方说服了他们，以及被说服的原因。

20）让学生编写有建设性的对话

给学生布置一个书面作业：想象并编写一个对话。可以是持有不同看法的人们针对时下某一事件（如平权法案或者零容忍政策）进行的对话；也可以是对立的两方针对某一国际争端从不同角度出发进行的对话；还可以是开明人士与保守人士之间的对话。你要告诉学生，对话中的每个发言者都应该是睿智、理性且公正的。

学生在编对话时，必须从不同的角度进行思考。把对话写下来让他们更容易站在持不同观点者的角度上公正地思考，而且还能使他们直面持不同观点者，与之进行对话，如提出异议、提出问题、提出不同选择。他们还必须弄清楚如何回应对方。这就促使他们深化对每个观点的理解，了解其优势和劣势，还能帮助他们明白为什么人们会站在某个特定的角度，明白人们如何对其他视角作出回应。学生在编写对话的时候，能对不同观点给出更有力的论证。他们要写出一个有效的对话，就必须与那些持不同观点的人们产生共鸣，而单纯写出对手的观点是不要求有这种共鸣的。

21）让学生解释作业要求及其目的

让学生解释作业要求。这样，他们在动手做作业前便能对作业有清楚的认识。他们用自己的语言解释了作业的目的之后，就会更加聚焦此目的，更能让作业自始至终符合此目的，不会在完成作业的过程中偏离主题。

22）鼓励学生自己确定方向

就当前学习的话题，让学生决定下一步。"基于我们目前对话题的了解，你们认为接下来应该做什么或者关注什么？需要什么信息？需要弄明白什么？如何能证明我们的假设？"让学生决定下一步应该做什么。

这个策略可以发展思维的自主性和认知责任感。它能给学生施加一定压力，让他们认识到需要做什么。独立的思辨者应养成判断其所处位置、所掌握的知识以及应知道的知识的习惯。把这个决定权交给学生，能让他们对接下来要做什么有掌控感，这样就能提升他们的参与度和贡献度，从而激发更大的动力。

23）让学生记录自己的进步

让学生在开始学习之前，先写下他们对话题的想法。课程结束后，再让他们把此时对话题的想法写下来，并与课前的想法作比较。这个策略的一个好处在于，它能让学生在听教师讲解或阅读文章之前就对话题有所思考。不过，它最大的好处在于，它能清晰生动地向学生展示他们所取得的进步。他们的想法有了什么样的变化，都清清楚楚地记录在纸上。你甚至可以把这个环节作为给学生打分的一部分，即根据每个学生的进步程度给他们一定的成绩。

24）分解项目

布置一系列小型写作作业，每个小型作业围绕某较大话题中的一个分支话题。最终作业可以是重写这些小型作业，形成一篇较长的作品。以后，当学生在完成项目的过程中"卡壳"时，就让他们设计类似的系列作业。如果不会把大型任务分解成更易实现的小型任务，大型任务往往就无法完成。给学生小型的、相对来说比较简单的作业能让他们更容易完成这些相对独立的部分，而这远不如大型作业那么艰巨。通过将若干小型作业组织成一个较大的作业，学生不仅需要对已经完成的任务进行再思考，而且也具备了完成更大、更复杂作业的能力。这样，他们也就能够树立起对完成较大项目的信心。

25）鼓励学生自主发现

设计一些活动，要求学生在课堂上和阅读中得到答案之前，先自己发现观点、原则、技巧。比如，教打字的老师应该给学生布置一个任务，让他们研究如何在页面键入居中表格，而不是直接告诉学生插入居中表格的复杂方法。让学生针对某一问题进行头脑风暴可以促进这些研究的实现。一般情况下，这些活动最好能以小组的形式实施，而不是独立完成。让学生讨论遇到的困难以及解决那些困难的办法也很有益。

只要是学生经过自己钻研而发现的东西，他们就会理解得更深刻，因为他们不仅能知其然，更能知其所以然；他们还会得到自己想出办法、解决问题的宝贵经验，而不是被动地接受做什么、怎么做。此外，随着他们"发现重要知识"的经验不断积累，他们对自己思维能力的信心也会增加。

学生在参与独立项目时，往往会有极强的积极性，并能更多地独立思考。应该鼓励他们多做这样的项目。同时，老师定期监管和给予表扬有助于保持他们的积极性。

26）鼓励自评

向学生详细说明你给他们的作业打分时采用的认知标准，也要教他们如何根据那些标准来评估自己的作业。你可以先让学生提出他们认为在评判自己的作业时，应该采用什么样的评分标准；然后，全体同学可以一起讨论每一项标准的恰当性。还有一种教学生做自评的方法，即给他们一些往届学生的作业（一份评分为 A 的作业、一份评分为 C 的作业、一份评分为 D 的作业。当然，学生姓名需要抹掉），让他们给这些作业打分。然后，把他们分为若干小组，各小组就打分和标准进行讨论，达成一致。全体讨论环节可以让各小组汇报结果，你也可以在此环节指出学生遗漏的方面。

你对自己评判学生作业的标准了如指掌，但学生对标准的了解并不多。能列出标准和能使用标准完全是两码事。判断作业是否达到标准、修改作业以提高其质量都需要大量的练习，仅背诵抽象的条条框框是无法获得这些能力的。要帮助学生提升作业质量，教他们评估自己的作业很重要。

27）教以致用

在教概念时，尽最大的可能把它们置于实际使用的情境中，即把它们作为解决实际问题、分析重要事件的有用工具，因为人们更愿意学那些自认为有必要学习的东西。如果学生只是被告知他们所学的知识是有价值的，但却并没有体验到其价值和威力，他们就不会相信，或者不会真正相信他们所学的知识有什么重要性。

我们应该反复展示我们所教内容的价值。再大量的抽象论证也无法让学生坚信知识是有价值的。"知识是有价值的"这种信念源于真正运用过这些知识。如果学生由一个有趣的题目或问题引入学习，然后发现他们从一堂课中获得的观点和技能能帮助他们更好地解决那个题目或问题，那么，他们就会对那堂课的内容有更高的认可度。

如果未能将课堂内容应用于有意义的事件，而只是"记住"这些内容，学生就不会学以致用。要实现从学到用的转换，最好的方式就是从一开始就创造这种转换的机会。如果老师把学习和实践两相分离，或迟迟不提供实践机会让学生收到硕果，那么，从学到用的转换就会阻滞。

小　结

这些策略和其他类似策略，都有助于提升学生对主题学习的参与度。它们能促进积极倾听，促使更多的个体参与到课堂讨论中来，也能让学生学到如何总结他人的观点。当学生表达、论证自己的观点，并开始学习以感同身受的态度回应他人观点时，他们就已经开始使用批判性思维的一些重要能力了。

让学生积极主动地思考他们所学的内容本身是不够的。我们不是仅仅希望学生能思考，而是希望他们能好好思考。本书包括的策略就是要在这方面对他们有所帮助。如果老师使用这些技巧，就会发现学生的思考质量将得到明显的甚至意想不到的提高。当然，如果学生能明确地学会对自己的思考方式进行思考，他们的批判性思维能力就会得到大大的提升。

在这样做的时候，我们需要聚焦对推理的分析和评估。这涉及把思维分解成若干组成部分并审视它们：目的、问题、概念、假设、证据、结果、影响。批判性思维活动正是分析和评估的关键。在这本小册子当中，我们并没有详细阐述批判性思维的技巧、策略和标准。

最后，我们需要从整体的角度介绍一下批判性思维能力，将所有单独的技巧组合起来，形成对主题更深入的理解，并发现主题各部分之间的内在联系。学科的逻辑应当厘清；学习应当迁移（即学习某一议题所获得的洞察力可迁移到其他议题的理解和学习上）；跨学科方法可用于从不同角度审视某一问题——这些重要目标在本套书的其他分册中会有所关注，比如，可参考《什么是批判性思维》和《如何通过思辨学好一门学科》。